barbacoa

ESTUPENDAS RECETAS PARA DISFRUTAR
COCINANDO AL AIRE LIBRE.

LINDA DOESER

FOTOGRAFÍA DE IAN PARSONS

NOTA

*Se considera que 1 cucharadita equivale a 5 ml y 1 cucharada a 15 ml. Si no se indica otra cosa,
la leche será siempre entera, los huevos y las verduras u hortalizas, como por ejemplo las patatas,
de tamaño medio, y la pimienta, pimienta negra recién molida.*

*El horno se tiene que precalentar siempre a la temperatura especificada. Si utiliza un horno
con ventilador, lea las instrucciones del fabricante para ajustar el tiempo y la temperatura.*

*Las recetas que llevan huevo crudo o muy poco cocido no son indicadas para los niños muy
pequeños, los ancianos, las mujeres embarazadas, las personas convalecientes y cualquiera
que sufra alguna enfermedad.*

Índice

Introducción

Hacer una barbacoa al aire libre es una forma divertida y deliciosa de cocinar para mucha gente. Para que todos estén contentos, es aconsejable ofrecer distintos platos de carne y pescado, verduras, ensaladas y postres. Así satisfará tanto a los que comen carne como a los vegetarianos, e incluso a los niños delicados con la comida.

Una vez que se haya familiarizado con la barbacoa, puede experimentar con platos más elaborados. Con pescados, aves, verduras o frutas se pueden hacer sabrosos pinchitos. Sazone y mejore sus platos con diferentes adobos y salsas.

La clave del éxito de una barbacoa es la planificación. Es de gran ayuda saber cuántos comensales van a comer. Si son muchos o no sá

Los platos asados en la barbacoa pueden ser de lo más sencillo o muy sofisticados. Puede empezar haciendo una parrillada básica con ingredientes tradicionales como hamburguesas, muslos de pollo, chuletas, filetes y salchichas, y acompañarla con pan, patatas y verduras asadas y ensaladas variadas. Es una forma sencilla de preparar una comida completa y deliciosa.

con exactitud cuántos serán, necesitará tener suficientes platos básicos, como ensaladas, hamburguesas y pan, para que nadie se quede con hambre. Las sobras se pueden guardar en la nevera y congelarlas.

Para los invitados vegetarianos prepare pinchitos de verduras, hortalizas rellenas y ensaladas variadas vegetales, de pasta y de arroz que también pueden comer los demás invitados. Los quesos cremosos y las salsas picantes para acompañar tienen mucho éxito.

guridad

.arbacoa es un utensilio seguro para cocinar,
npre que se tomen las debidas precauciones.
túe la parrilla lejos de árboles y arbustos para
ar que el fuego los alcance. Tenga un cubo de
a a mano por si el fuego se descontrolara.

tire la grasa excesiva y sacuda siempre los
os de adobo antes de poner la comida en la

illa para evitar que la grasa caiga en el carbón
ente y arda en llamas.

ira reducir el riesgo de intoxicación, asegúrese
que la carne y el pescado están bien hechos.
a comprobarlo, pinche la carne con una
queta o con la punta de un cuchillo en la
te más gruesa, sabrá que está hecha cuando
ugo salga claro y no rosado.

antenga las ensaladas y la comida ya
inada separadas de la carne cruda. Utilice
rentes tablas para cortar, utensilios, trapos

de cocina y bandejas para la carne cruda, la carne
asada o los ingredientes de las ensaladas.

• Si hace mucho calor, evite exponer los
alimentos al sol y manténgalos refrigerados lo
máximo posible antes de cocinarlos o servirlos.
Cubra los alimentos con trapos de cocina limpios
para mantener alejados a los insectos.

• Vigile siempre la parrilla. No permita que los
niños pequeños se acerquen al fuego. Mantenga
también alejados a los animales domésticos para
evitar intoxicaciones y accidentes.

• Utilice utensilios de mango largo y manoplas
para evitar quemaduras y salpicaduras.

• Si la persona que cocina bebe alcohol, debería
hacerlo con moderación, ya que un cocinero ebrio
puede ser peligroso.

Tipos de barbacoas

Existe una amplia gama de barbacoas con distintos tipos de combustible. Estudie las posibilidades para escoger la más adecuada a sus necesidades.

Tipos de combustible

Primero decida qué combustible desea utilizar.

- El carbón vegetal de conglomerado es fácil de adquirir y económico. Se enciende sin dificultad pero se quema muy rápido.
- Las briquetas de carbón tardan en prenderse pero arden más tiempo y hacen poco humo.
- El carbón de autoignición es carbón vegetal recubierto con una sustancia química inflamable. Se enciende con facilidad pero no se puede empezar a cocinar hasta que la sustancia química se ha quemado del todo.
- El fuego de leña requiere atención constante. Las maderas duras, como las de roble y manzano, son las mejores, porque arden lentamente y emanan un aroma agradable. Las maderas blandas se queman rápidamente y suelen echar chispas.

- Las astillas de madera y las ramitas de hierba como el tomillo o el romero, se pueden echar al fuego para que aromaticen la comida.

Escoja la barbacoa adecuada

Antes de comprar una barbacoa tenga en cuenta el número de personas para las que va a cocinar con qué frecuencia la va a usar, si tiene un lugar adecuado en su patio o jardín y cuánto dinero está dispuesto a gastarse.

- Las barbacoas desechables son económicas bandejas de aluminio con combustible suficiente para arder durante una hora aproximadamente Son ideales para un pequeño picnic.
- La barbacoas Hibachi son pequeñas, ligeras, reutilizables y fáciles de transportar.
- Las portátiles son ligeras y fáciles de desmontar para transportarlas en el maletero.
- Los braseros se pueden transportar y guardar fácilmente. Algunos son un poco bajos, por lo que es conveniente comprobar que la altura sea la adecuada. Si su patio o jardín está expuesto viento, elija uno con tapa.
- Las barbacoas esféricas o *kettle* son lo más parecido a una barbacoa fija. La tapa cubre la parrilla, y muchas tienen un asador para pollos
- Las eléctricas o de gas son caras pero de fácil manejo y muy rápidas. Sólo necesitan diez minutos para calentarse pero no dan a los alimentos el típico aroma ahumado del carbón
- Las barbacoas fijas hechas a medida son una elección excelente si se van a usar con frecuen

Preparación

de comprarlas prefabricadas o construir la
menea con ladrillos normales o refractarios
oner una parrilla de metal ajustable.

Algunos platos, como las hamburguesas
os pinchitos de carne, se pueden preparar
antelación y congelarlos, pero tendrá que
congelarlos por completo antes de cocinarlos.
mbién los puede preparar e incluso macerar
día anterior y conservarlos en el frigorífico
ta que los vaya a asar en la barbacoa.

Los ingredientes de las ensaladas debería
tarlos y mezclarlos el mismo día. Alíñelas justo
es de servirlas para que no se ablanden.

Trucos y consejos

● Recuerde que debe encender la barbacoa una
hora antes de empezar a cocinar para asegurarse
de que esté bien caliente. Para encender el fuego
siga las instrucciones que se indican en el envase
del combustible.

● Para asegurarse de que la comida se asa
uniformemente y por completo, no ponga
demasiados ingredientes a la vez en la parrilla.

● Intente asar los mismos tipos de comida juntos
para evitar que se mezclen los sabores. No mezcle
carne, pescado y verduras. Lo mejor es envolver
los ingredientes vegetales en papel de aluminio.

● Las patatas también se asan muy bien envueltas
en papel de aluminio.

● Para preparar los postres calientes también es
recomendable envolverlos en papel de aluminio.
Envuelva la fruta y ásela en una zona de la
parrilla con fuego poco intenso.

● Ofrezca distintas bebidas, tanto alcohólicas
como no alcohólicas. La sangría suele tener
mucho éxito.

● Si empieza a llover puede seguir cocinando
en la barbacoa tapada y con los orificios de
ventilación abiertos. Como alternativa, puede
llevar la comida al interior y seguir cocinando
en el grill de su horno.

Carnes

rojas y blancas

Filetes al tabasco con mantequilla de berros

Esta versión, sencilla aunque algo extravagante, de la receta clásica es ideal para celebrar una ocasión especial con una barbacoa.

para 4 personas

1 manojo de berros

85 g de mantequilla sin sal, ablandada

4 filetes de solomillo de buey o de ternera,

de 225 g cada uno

4 cucharaditas de tabasco

sal y pimienta

Preparación

❶ Precaliente la barbacoa. Con un cuchillo afilado, pique 4 cucharadas de berros. Reserve unas hojas para adornar. Ponga la mantequilla en un bol pequeño y, con un tenedor, mézclela con el berro picado hasta obtener una pasta homogénea. Cúbrala con film transparente y déjela reposar en el frigorífico.

❷ Esparza una cucharadita de tabasco en cada filete, untándolo bien. Salpimente al gusto.

❸ Ase los filetes en la parrilla muy caliente 2,5 minutos por cada lado si los quiere poco hechos, 4 minutos si los prefiere al punto y 6 minutos para que queden muy hechos. Páselos a una fuente, adórnelos con las hojas de berros reservadas y sírvalos enseguida con un poco de mantequilla de berros por encima.

Variación

Si lo prefiere, sustituya los berros por la misma cantidad de perejil.

Hamburguesas caseras

Las barbacoas y las hamburguesas son casi inseparables. Estas suculentas hamburguesas caseras no tienen nada que ver con las que venden preparadas en la mayoría de los establecimientos.

para 6 personas

900 g de carne magra de buey
o de ternera picada
2 cebollas picadas finas
25 g de pan rallado
1 huevo ligeramente batido
1½ cucharaditas de tomillo fresco
picado fino
sal y pimienta

Para servir
6 panecillos con semillas de sésamo
2 tomates en rodajas
1 cebolla en aros finos
hojas de lechuga
mayonesa
mostaza
ketchup

Preparación

❶ Precaliente la barbacoa. Ponga la carne, la cebolla, el pan rallado, el huevo y el tomillo en un bol grande de cristal y salpimente al gusto. Mezcle bien todos los ingredientes con las manos.

❷ Haga 6 hamburguesas con las manos y moldee los bordes con un cuchillo de punta redonda.

❸ Ase las hamburguesas en la parrilla muy caliente 3 o 4 minutos por cada lado. Mientras tanto, corte los panecillos por la mitad y tuéstelos un poco en la barbacoa con la parte cortada hacia abajo. Rellene los panecillos con las hamburguesas, lechuga, rodajas de tomate y aros de cebolla, y sírvalos con mayonesa, mostaza y ketchup.

Variación

Para hacer hamburguesas tex-mex, añada 2 guindillas verdes picadas y sin semillas a la mezcla del paso 1, y sirva las hamburguesas con guacamole.

Hamburguesas con queso

Ésta es una versión sofisticada de la hamburguesa tradicional, con un sorprendente relleno de queso azul. Sirva el plato con abundante ensalada y tendrá una comida completa.

para 4 personas

55 g de queso stilton
450 g de carne picada de buey o ternera
1 cebolla picada fina
1 rama de apio picada fina
1 cucharadita de crema de rábano picante
1 cucharada de tomillo fresco picado
sal y pimienta

Para servir
4 panecillos para hamburguesa
con semillas de sésamo
hojas de lechuga
rodajas de tomate

Preparación

❶ Precaliente la barbacoa. Desmenuce el queso en un bol y resérvelo hasta que lo necesite. Coloque la carne, la cebolla, el apio, el rábano picante y el tomillo en un bol aparte y salpimente al gusto. Mezcle bien todos los ingredientes con las manos.

❷ Haga 8 hamburguesas dándoles forma con las manos y con un cuchillo de punta redonda. Reparta el queso sobre 4 hamburguesas y cúbralas con las 4 restantes. Presiónelas con suavidad y moldee los bordes.

❸ Ase las hamburguesas en la parrilla muy caliente 5 minutos por cada lado. Mientras tanto, corte los panecillos por la mitad y tuéstelos un poco en la parrilla, con la parte cortada hacia abajo. Rellene los panecillos con las hamburguesas, lechuga y rodajas de tomate y sírvalos.

Variación

Sustituya el queso stilton por saga azul, cheddar o queso suizo, y el tomillo por cebollino picado.

Costillar de cordero

Este plato rápido y fácil, acompañado de abundante ensalada y patatas,
es perfecto para un menú festivo de verano.

para 4 personas

4 trozos de costillar de cordero con
4 costillas cada uno
2 cucharadas de aceite de oliva
virgen extra

1 cucharada de vinagre balsámico
1 cucharada de zumo de limón
3 cucharadas de romero fresco picado fino
1 cebolla pequeña picada fina
sal y pimienta

Preparación

❶ Ponga el costillar de cordero en
una fuente grande y llana que no sea
metálica. Mezcle bien el aceite, el vinagre,
el zumo de limón, el romero y la cebolla
en una jarrita y salpimente al gusto.

❷ Vierta el adobo sobre el cordero y dele
la vuelta para que quede bien recubierto.
Cúbralo con film transparente. Déjelo
adobar en el frigorífico 1 hora, dándole
la vuelta de vez en cuando.

❸ Precaliente la barbacoa. Escurra el
cordero y reserve el adobo sobrante.
Ase el costillar a temperatura media
10 minutos por cada lado, untándolo
a menudo con el adobo. Sirva el plato
enseguida.

Cordero a la menta

Puede preparar este plato con cualquier parte del cordero, como paletilla o pierna, que son muy tiernas, o bien con chuletas. Calcule dos por ración.

para 6 personas

6 chuletas de cordero de 175 g cada una

150 ml de yogur griego natural

2 dientes de ajo majados

1 cucharadita de jengibre fresco rallado

1/4 de cucharadita de semillas de cilantro
machacadas

sal y pimienta

1 cucharada de aceite de oliva, y un poco
más para untar

1 cucharada de zumo de naranja

1 cucharadita de aceite de nuez

2 cucharadas de menta fresca picada

Preparación

❶ Ponga las chuletas en una fuente grande y llana que no sea metálica. Mezcle la mitad del yogur, el ajo, el jengibre y las semillas de cilantro en una salsera y salpimente al gusto. Unte las chuletas con la mezcla uniformemente y cúbralas con film transparente. Déjelas adobar en el frigorífico 2 horas, dándoles la vuelta de vez en cuando.

❷ Precaliente la barbacoa. Ponga el resto del yogur, el aceite de oliva, el zumo de naranja, el aceite de nuez y la menta en un bol pequeño y bátalo todo con unas varillas manuales hasta que esté mezclado por completo. Salpimente al gusto. Cubra el yogur a la menta con film transparente y déjelo reposar en el frigorífico hasta que vaya a servirlo.

❸ Escurra las chuletas y quíteles el exceso de adobo con un cuchillo. Úntelas con aceite de oliva y áselas a temperatura media entre 5 y 7 minutos por cada lado. Sírvalas enseguida con el yogur a la menta.

Variación

*Si lo prefiere, sustituya el zumo de naranja
y el aceite de nuez por 1/4 de cucharadita
de anís estrellado, una pizca de canela
y una pizca de comino molidos.*

Pinchitos a la normanda

Las manzanas de Normandía son famosas en toda Francia, tanto para comer como para la elaboración de sidra. Una copita de calvados entre plato y plato dará un toque auténtico a la barbacoa.

para 4 personas

1 solomillo de cerdo de 450 g

300 ml de sidra seca

1 cucharada de salvia fresca picada fina

6 granos de pimienta negra machacados

2 manzanas de postre crujientes

1 cucharada de aceite de girasol

Preparación

❶ Con un cuchillo afilado, corte el solomillo en dados de 2,5 cm y póngalos en una fuente grande y llana que no sea metálica. Mezcle la sidra, la salvia y la pimienta en una salsera, vierta la mezcla sobre la carne y dele vueltas para que quede recubierta por completo. Cubra el recipiente con film transparente y déjelo adobar en el frigorífico de 1 a 2 horas.

❷ Precaliente la barbacoa. Escurra la carne y reserve el adobo sobrante. Parta las manzanas por la mitad y quíteles el corazón, pero no las pele. Córtelas en gajos, úntelos en el adobo y ensártelos en broquetas metálicas alternándolos con los dados de carne. Añada el aceite de girasol al adobo sobrante.

❸ Ase los pinchitos a temperatura media entre 12 y 15 minutos, dándoles la vuelta y untándolos a menudo con el resto del adobo. Colóquelos en una fuente y, si lo prefiere, saque la carne y la manzana de las broquetas. Sírvalos enseguida.

Variación

Sustituya 1 manzana por 6 ciruelas pasas sin hueso envueltas en beicon. Ensarte las ciruelas en las broquetas con la manzana y la carne.

Salchichas con salsa barbacoa

Una parrillada puede ofrecer mucho más que salchichas, aunque éstas siempre tienen buena aceptación. La deliciosa salsa barbacoa es la excusa perfecta para volver a comerlas.

para 4 personas

2 cucharadas de aceite de girasol

1 cebolla grande picada

2 dientes de ajo majados

225 g de tomate troceado de lata

2 cucharadas de salsa afrutada oscura

1 cucharada de salsa Worcestershire

2 cucharadas de azúcar mascabado

4 cucharadas de vinagre de vino blanco

½ cucharadita de guindilla molida suave

¼ de cucharadita de mostaza en polvo

un poquito de tabasco

450 g de salchichas

sal y pimienta

panecillos, para servir

Preparación

❶ Para hacer la salsa, caliente el aceite en una sartén pequeña y fría la cebolla y el ajo 4 o 5 minutos hasta que estén blandos y se empiecen a dorar.

❷ Añada el tomate, la salsa afrutada, la Worcestershire, el azúcar, el vinagre, la guindilla, la mostaza y el tabasco. Salpimente al gusto y deje que hierva.

❸ Baje la temperatura y deje hervir a fuego lento 10 o 15 minutos hasta que la salsa se empiece a espesar. Remueva de vez en cuando para que la salsa no se pegue. Retire la sartén del fuego y manténgala caliente.

❹ Precaliente la barbacoa. Ase las salchichas a temperatura alta entre 10 y 15 minutos, dándoles la vuelta a menudo. No las pinche con un tenedor porque saldría jugo y grasa que podrían provocar llamas.

❺ Ponga las salchichas en los panecillos y sirva el plato con la salsa barbacoa.

Variación

Escoja cualquier tipo de salchichas del país para esta receta. Pruebe también con chorizo, salchichas de Frankfurt, italianas o de Tolosa.

Pinchos de albóndigas

Tienen mucho éxito entre niños y adultos. Sírvalos con una selección de salsas, preparadas o caseras, por ejemplo de tomate, que puede calentar en la misma barbacoa.

para 8 personas

4 salchichas de cerdo a las hierbas

115 g de carne de ternera picada

85 g de pan rallado

1 cebolla picada fina

2 cucharadas de hierbas variadas picadas, como perejil, tomillo y salvia

1 huevo

sal y pimienta

aceite de girasol, para untar

salsas de su elección, para acompañar

Preparación

❶ Precaliente la barbacoa. Quítele la piel a las salchichas, ponga la carne en un bol grande y desmenúcela con un tenedor. Añada la carne picada, el pan rallado, la cebolla, las hierbas y el huevo. Salpimente al gusto y remueva con una cuchara de madera hasta que todo quede mezclado.

❷ Haga con las manos pequeñas albóndigas del tamaño de una pelota de golf. Ensarte cada una de ellas en un palillo de madera y úntelas con aceite.

❸ Áselas a temperatura media 10 minutos o hasta que estén bien hechas, dándoles la vuelta con frecuencia y untándolas con aceite si fuera necesario. Páselas a una fuente y sírvalas enseguida con una selección de salsas calientes.

Variación

Sustituya el pan rallado por 1 patata cocida y 1 remolacha pequeña cocida, picadas bien finas.

Koftas de beicon

Las «koftas» son pinchitos de carne picada de cordero. Éstas son más económicas ya que se hacen con beicon magro. Son muy fáciles de preparar, pero procure no picar demasiado los ingredientes.

para 4 personas

1 cebolla pequeña

225 g de beicon magro, sin corteza
y picado grueso

85 g de pan rallado

1 cucharada de mejorana fresca picada

la ralladura de 1 limón

1 clara de huevo

pimienta

nueces picadas, para rebozar (opcional)

pimentón, para espolvorear

cebollino fresco en tiras, para adornar

Preparación

❶ Precaliente la barbacoa. Con un cuchillo afilado, pique la cebolla, póngala en un robot de cocina con el beicon, el pan rallado, la mejorana, la ralladura de limón y la clara de huevo. Sazone al gusto con pimienta y triture un poco los ingredientes hasta mezclarlos bien.

❷ Haga 8 partes iguales de la mezcla y deles la forma de una croqueta alargada alrededor de un palillo. Espolvoree las *koftas* con el pimentón. Si lo prefiere, puede hacer 4 con forma alargada y las otras 4 redondas. Ponga las nueces picadas en un plato llano y reboce las croquetas con ellas.

❸ Ase las *koftas* 10 minutos en la parrilla muy caliente, dándoles la vuelta a menudo. Póngalas en una fuente y sírvalas enseguida, adornadas con tiras de cebollino fresco.

Pinchitos de Frankfurt

Ésta es una forma novedosa de disfrutar de un clásico. Ase salchichas de Frankfurt en la barbacoa y obtendrá una comida increíblemente fácil de preparar con un delicioso aroma ahumado. Se sirven con tostadas de ajo.

para 4 personas

12 salchichas de Frankfurt

2 calabacines en rodajas de 1 cm

2 mazorcas de maíz en rodajas de 1 cm

12 tomates cereza

12 cebollitas

2 cucharadas de aceite de oliva

Tostadas de ajo

2 cabezas de ajo

2 o 3 cucharadas de aceite de oliva

1 barra de pan en rebanadas

sal y pimienta

Preparación

❶ Precaliente la barbacoa. Para hacer las tostadas de ajo, corte la parte superior de las cabezas de ajo. Úntelas con aceite y envuélvalas con papel de aluminio. Áselas sobre el carbón caliente unos 30 minutos, dándoles la vuelta de vez en cuando.

❷ Mientras tanto, corte cada salchicha en tres trozos. Ensarte los trozos de salchicha, las rodajas de calabacín, las rodajas de maíz, los tomates y las cebollitas alternativamente en broquetas metálicas. Úntelos con aceite de oliva.

❸ Ase los pinchitos 8 o 10 minutos, dándoles la vuelta y untándolos con el aceite de oliva. Mientras tanto, unte las rebanadas de pan con aceite y tuéstelas en la parrilla por ambos lados. Desenvuelva las cabezas de ajo y restriegue los ajos asados en el pan. Salpimente al gusto y, si lo prefiere, añada un poco más de aceite. Pase los pinchitos a una fuente y sírvalos enseguida con el pan de ajo.

Variación

Rebane una barra de pan sin cortarla del todo. Úntela con dos dientes de ajo majados mezclados con 115 g de mantequilla. Envuélvala con papel de aluminio y ásela 15 minutos.

Muslitos de pollo agridulces

El pollo puede resultar un poco insípido, pero este glaseado agridulce le da un maravilloso sabor y lo mantiene jugoso.

para 4 personas

8 muslos de pollo

ramitas de perejil fresco, para adornar

ensalada, para acompañar

Glaseado

125 ml de miel fluida

4 cucharadas de mostaza de Dijon

4 cucharadas de mostaza en grano

4 cucharadas de vinagre de vino blanco

2 cucharadas de aceite de girasol

sal y pimienta

Preparación

❶ Con un cuchillo afilado, haga 2 o 3 incisiones en diagonal en los muslos y póngalos en una fuente que no sea metálica.

❷ Mezcle los ingredientes del glaseado en un bol y salpimente. Vierta el glaseado sobre los muslitos, dándoles la vuelta para recubrirlos bien. Cubra el recipiente con film transparente y déjelos adobar en el frigorífico como mínimo 1 hora.

❸ Precaliente la barbacoa. Escurra los muslos y reserve el glaseado restante. Ase los muslitos a temperatura media entre 25 y 30 minutos o hasta que estén bien hechos, dándoles la vuelta y untándolos a menudo con el glaseado. Páselos a una fuente, adórnelos con perejil fresco y sírvalos enseguida con ensalada.

Variación

Pruebe este glaseado con costillas de cerdo. Adobe 900 g de costillas de cerdo en el glaseado durante 1 hora. Áselas en la parrilla muy caliente entre 15 y 20 minutos, dándoles la vuelta y untándolas a menudo con el glaseado.

Picantones al limón

Los picantones son ideales para asarlos a la parrilla, pues son muy fáciles de preparar y muy apetitosos.

para 4 personas

4 picantones de unos 450 g cada uno

1 limón

2 cucharadas de salvia fresca picada

sal y pimienta

Para adornar

ramitas de hierbas frescas

rodajas de limón

Preparación

❶ Precaliente la barbacoa. Para preparar los picantones, ponga uno de ellos con la parte de la pechuga hacia abajo y, con unas tijeras de cocina, ábralo por la mitad siguiendo la columna vertebral. Retire la espina dorsal y póngalo boca arriba. Presione con fuerza hacia abajo sobre el esternón con la palma de la mano para aplanarlo. Doble las puntas de las alas hacia abajo. Haga lo mismo con los demás picantones.

❷ Corte la mitad del limón en rodajas finas y ralle la piel de la otra mitad. Mezcle la ralladura de limón con la salvia en un bol pequeño. Separe la piel de las pechugas y los muslos de los picantones e introduzca por debajo la mezcla de limón y las rodajas de limón. Estire la piel y vuelva a colocarla en su sitio. Atraviese con una broqueta metálica el ala y la parte superior de la pechuga y hágala salir por la otra ala. Pase una segunda broqueta por el muslo, la parte inferior de la pechuga y el otro muslo. Salpimente.

❸ Ase los picantones a temperatura media entre 10 y 15 minutos por cada lado. Sírvalos enseguida, adornados con ramitas de hierbas frescas y rodajas de limón.

Pollo al curry

Es una adaptación de una receta hindú que se cocina con pollo tierno.
Si lo prefiere, sustituya el pollo por picantones.

para 4 personas

1 cucharada de pasta de curry

1 cucharada de ketchup

1 cucharadita de mezcla hindú
de cinco especias

1 guindilla roja fresca, sin semillas
y picada fina

1 cucharadita de salsa Worcestershire

1 cucharadita de azúcar

sal

8 trozos de pollo sin piel

aceite vegetal, para untar

pan *naan*, para servir

Para adornar

gajos de limón

ramitas de cilantro fresco

Preparación

❶ Ponga la pasta de curry, el ketchup, la mezcla de especias, la guindilla, la salsa Worcestershire y el azúcar en un bol pequeño y remueva bien hasta que el azúcar se haya disuelto. Sale al gusto.

❷ Ponga los trozos de pollo en una fuente grande y llana que no sea metálica y con una cuchara úntelos con el adobo. Cubra la fuente con film transparente y déjela adobar en el frigorífico hasta 8 horas.

❸ Precaliente la barbacoa. Saque el pollo del adobo, retire el exceso de éste y unte el pollo con aceite. Áselo a temperatura media entre 25 y 30 minutos, dándole la vuelta de vez en cuando. Caliente un poco el pan *naan* en la parrilla y sírvalo con el pollo, adornado con gajos de limón y ramitas de cilantro.

Rollitos de pavo

Estos rollitos con hierbas aromáticas ocultan en su interior un sorprendente relleno de queso fundido. En esta receta se sirven con salsa de grosellas rojas, pero también están deliciosos con salsa suave de mostaza.

para 4 personas

2 cucharadas de aceite de girasol

sal y pimienta

4 cucharadas de mejorana fresca picada

4 filetes de pechuga de pavo

4 cucharaditas de mostaza suave

175 g de emmental rallado

1 puerro cortado en rodajas finas

Salsa

115 g de grosellas rojas

2 cucharadas de menta fresca picada

2 cucharaditas de miel fluida

1 cucharadita de vinagre de vino tinto

Preparación

❶ Precaliente la barbacoa. Para hacer la salsa de grosellas, ponga los ingredientes en un bol y cháfelos bien con un tenedor. Salpimente al gusto. Cubra el bol con film transparente y déjelo reposar en el frigorífico hasta que lo necesite.

❷ Vierta el aceite en un bol pequeño, sazone al gusto con pimienta y añada 2 cucharaditas de mejorana. Ponga los filetes de pavo entre dos hojas de film transparente y aplánelos con un rodillo de cocina. Salpiméntelos y extienda la

mostaza sobre ellos. Reparta el queso, el puerro y el resto de la mejorana entre los filetes de pavo, enróllelos y átelos con cordel de cocina.

❸ Unte los rollitos de pavo con el aceite condimentado y áselos a temperatura media 30 minutos, dándoles la vuelta y untándolos con el resto del aceite a menudo. Sírvalos enseguida con la salsa de grosellas.

Pavo al estragón

Este plato económico, rápido y fácil de preparar es además delicioso gracias
a la perfecta combinación de la carne de ave con el estragón.

para 4 personas

4 filetes de pechuga de pavo
de unos 175 g cada uno
sal y pimienta
4 cucharaditas de mostaza en grano

8 ramitas de estragón fresco y algunas
más para adornar
4 lonchas de beicon ahumado
hojas de lechuga, para acompañar

Preparación

❶ Precaliente la barbacoa. Salpimente el pavo. Con un cuchillo de punta redonda, extienda la mostaza sobre los filetes.

❷ Ponga 2 ramitas de estragón sobre cada filete de pavo y envuélvalos con una loncha de beicon, cubriendo las hierbas. Fíjelos con un palillo.

❸ Ase las pechugas a temperatura media entre 5 y 8 minutos por cada lado. Póngalas en platos y adórnelas con ramitas de estragón. Sirva el plato acompañado con hojas de lechuga.

Pato afrutado

Los orejones y la cebolla contrarrestan la grasa del pato. Vaya rociando la carne con su propio jugo para que quede bien tierna.
El plato resulta aún más elegante si se adorna con borlas de cebolleta.

para 4 personas

4 pechugas de pato

115 g de orejones de albaricoque

2 chalotes en rodajas finas

2 cucharadas de miel fluida

1 cucharadita de aceite de sésamo

2 cucharaditas de mezcla china
de cinco especias

4 cebolletas, para adornar

Preparación

❶ Precaliente la barbacoa. Con un cuchillo afilado, haga una incisión alargada en el costado de cada pechuga para rellenarlas. Rellene las pechugas con los orejones y los chalotes y ciérrelas con palillos.

❷ Mezcle la miel y el aceite de sésamo en un bol pequeño y extienda la mezcla sobre las pechugas. Sazone con la mezcla china de cinco especias. Haga varios cortes a lo largo del tallo de cada cebolleta, sumérjalas en un bol con agua helada y déjelas hasta que se abran. Escúrralas bien antes de usarlas.

❸ Ase el pato a temperatura media entre 6 y 8 minutos por cada lado. Retire los palillos, pase el pato a una fuente y adórnelo con las borlas de cebolleta. Sírvalo enseguida.

Variación

Sustituya el pato por 4 chuletas de cerdo y áselas a temperatura media 8 o 9 minutos por cada lado o hasta que estén bien hechas.

Sobre
pescado y
marisco

Pinchitos caribeños

Ligeramente especiados y adobados, estos pinchitos tienen un aspecto fantástico
y un sabor delicioso. El pez espada es ideal para dar un sabor caribeño,
pero se puede sustituir por cualquier pescado de carne consistente.

para 6 personas

1 kg de filetes de pez espada

3 cucharadas de aceite de oliva

3 cucharadas de zumo de lima

1 diente de ajo picado fino

1 cucharada de pimentón

sal y pimienta

3 cebollas en gajos

6 tomates en gajos

Preparación

❶ Con un cuchillo afilado, corte el
pescado en dados de 2,5 cm y póngalos
en una fuente llana que no sea metálica.
Ponga el aceite, el zumo de lima, el ajo
y el pimentón en un bol y mézclelos bien.
Salpimente. Vierta el adobo sobre el
pescado, dándole la vuelta para que quede
recubierto. Cúbralo con film transparente
y déjelo adobar en el frigorífico 1 hora.

❷ Precaliente la barbacoa. Ensarte los
dados de pescado, la cebolla y el tomate
alternados en 6 broquetas de madera
previamente remojadas. Reserve el
adobo sobrante.

❸ Ase los pinchitos a temperatura media
entre 8 y 10 minutos, dándoles la vuelta
y untándolos a menudo con el adobo.
Cuando estén bien hechos, póngalos
en una fuente y sírvalos enseguida.

Variación

*En lugar de servir los pinchitos con
las tradicionales patatas asadas, sírvalos
con boniatos asados.*

Salmón con salsa de mango

Aunque el salmón es un pescado graso, puede resecarse con rapidez
en el fuego fuerte de la barbacoa. Rocíelo bien con zumo
de lima antes de asarlo.

para 4 personas

4 filetes de salmón de 175 g cada uno
la ralladura y el jugo
de 1 lima o de ½ limón
sal y pimienta

Salsa
1 mango grande pelado, deshuesado
y en dados
1 cebolla roja picada fina
2 granadillas
2 ramitas de albahaca fresca
2 cucharadas de zumo de lima
sal

Preparación

❶ Precaliente la barbacoa. Lave los filetes de salmón bajo el chorro de agua fría, séquelos con papel de cocina y póngalos en una fuente grande y llana que no sea metálica. Esparza la ralladura de lima y vierta el zumo sobre el pescado. Salpimente al gusto, cúbralo y déjelo reposar mientras prepara la salsa.

❷ Ponga el mango en un cuenco junto con la cebolla. Corte las granadillas por la mitad, extraiga la pulpa con una cucharilla y añádala al bol. Separe las hojas de albahaca de los tallos y agréguelas al bol junto con el zumo de lima. Sale al gusto y mézclelo todo bien. Cubra el bol con film transparente y déjelo reposar hasta que vaya a servir la salsa.

❸ Ase los filetes de salmón a temperatura media 3 o 4 minutos por cada lado. Sírvalos enseguida con la salsa de mango.

Sardinas rellenas

Las sardinas a la parrilla tienen muy buena aceptación. Normalmente sólo
se asan, pero en este caso están rellenas de ajo y perejil y rebozadas con especias.

para 6 personas

15 g de perejil fresco picado fino

4 dientes de ajo picados finos

12 sardinas frescas, limpias y sin escamas

3 cucharadas de zumo de limón

85 g de harina

1 cucharada de comino molido

sal y pimienta

aceite de oliva, para untar

Preparación

❶ Mezcle en un bol el ajo y el perejil.
Lave el pescado por dentro y por fuera
con agua fría y séquelo con papel de
cocina. Con una cuchara, rellene las
sardinas con la mezcla de ajo y perejil
y distribuya el resto por fuera. Rocíe las
sardinas con el zumo de limón y póngalas
en una fuente grande y llana que no sea
metálica. Cúbralas con film transparente
y déjelas adobar en el frigorífico 1 hora.

❷ Precaliente la barbacoa. Mezcle la
harina y el comino en un bol y salpimente
al gusto. Esparza la harina sazonada en un
plato plano y reboce las sardinas con ella.

❸ Unte las sardinas con aceite de oliva y
áselas a temperatura media 3 o 4 minutos
por cada lado. Sírvalas enseguida.

Rape a la pimienta con naranja y limón

Aunque el rape suele ser caro, se aprovecha todo, ya que excepto la espina central todo es comestible. La consistencia de su carne y su sabor convierten este plato en un manjar suculento.

para 6 personas

2 naranjas

2 limones

2 colas de rape sin piel de unos 500 g cada una, cortadas en 2 filetes cada una

6 ramitas de tomillo limonero fresco

2 cucharadas de aceite de oliva

sal

2 cucharadas de pimienta verde en grano, ligeramente machacada

Para adornar

gajos de naranja y de limón

Preparación

❶ Corte 8 rodajas finas de naranja y 8 de limón, y reserve el resto de la fruta. Lave los filetes de rape y séquelos con papel de cocina. En una tabla, disponga 1 filete de cada cola, con la parte cortada hacia arriba y distribuya las rodajas de fruta entre ellos. Esparza por encima el tomillo limonero. Vuelva a unir las colas y átelas a intervalos con cordel de cocina. Ponga las colas en una fuente grande y llana que no sea metálica.

❷ Exprima el zumo de la fruta restante y mézclelo con el aceite de oliva en un bol. Sale al gusto y extienda la mezcla sobre el pescado con una cuchara. Cúbralo con film transparente y déjelo adobar en el frigorífico 1 hora como máximo, rociándolo de vez en cuando con el adobo.

❸ Precaliente la barbacoa. Escurra el pescado y reserve el adobo. Esparza la pimienta machacada sobre el pescado presionándola con los dedos. Ase el pescado a temperatura media entre 20 y 25 minutos, dándole la vuelta y rociándolo a menudo con el resto del adobo. Póngalo en una tabla de cortar, quítele el cordel y córtelo en rodajas. Sírvalo adornado con gajos de naranja y de limón.

Trucha con beicon

Esta combinación clásica resulta mucho más deliciosa a la barbacoa que frita en la sartén. El sabor ahumado del beicon se intensifica en contraste con la delicada carne del pescado.

para 4 personas

4 truchas limpias
4 lonchas de beicon ahumado sin corteza
4 cucharadas de harina
sal y pimienta
2 cucharadas de aceite de oliva
2 cucharadas de zumo de limón
canónigo, para acompañar

Para adornar
ramitas de perejil fresco
gajos de limón

Preparación

❶ Precaliente la barbacoa. Limpie las truchas por dentro y por fuera bajo el chorro de agua fría y séquelas con papel de cocina. Extienda las lonchas de beicon con el canto de un cuchillo.

❷ Salpimente la harina y espárzala en un plato llano grande. Reboce las truchas con la harina. Empezando justo después de la cabeza, enrolle una loncha de beicon en espiral a lo largo de cada trucha.

❸ Unte las truchas con aceite de oliva y áselas a temperatura media entre 5 y 8 minutos por cada lado. Colóquelas en 4 platos grandes para servir y rocíelas con zumo de limón. Adorne el plato con perejil y gajos de limón y acompañe el pescado con canónigo.

Vieiras empanadas

Ésta es una nueva manera de preparar vieiras en la barbacoa. Si lo prefiere, puede usar otro molusco, por ejemplo, ostras.

para 4 personas

1 limón	115 g de pan integral rallado
6 cucharadas de aceite de oliva	4 cucharadas de mantequilla derretida
sal y pimienta	gajos de limón, para
12 vieiras preparadas	adornar (opcional)

Preparación

❶ Ralle la piel del limón bien fina y mézclela en un plato con el aceite de oliva. Salpimente al gusto. Añada las vieiras, dándoles la vuelta hasta que estén bien cubiertas. Tápelas y déjelas macerar 30 minutos.

❷ Precaliente la barbacoa. Ponga el pan rallado en un bol grande. Reboce las vieiras, de una en una y ensártelas en broquetas de madera remojadas. Rocíelas con la mantequilla derretida.

❸ Ase las vieiras a temperatura media entre 8 y 10 minutos, dándoles la vuelta una vez. Póngalas en una fuente grande, adórnelas con gajos de limón, si lo desea, y sírvalas enseguida.

Diablos a la parrilla

Esta versión a la parrilla del clásico aperitivo llamado «ángeles a caballo» demuestra lo sofisticada y elegante que puede ser una cena al aire libre.

para 4 personas

36 ostras frescas

18 lonchas de beicon magro sin corteza

1 cucharada de pimentón suave

1 cucharadita de cayena molida

Salsa

1 guindilla roja fresca, sin semillas y picada fina

1 diente de ajo picado fino

1 chalote picado fino

2 cucharadas de perejil picado fino

2 cucharadas de zumo de limón

sal y pimienta

Preparación

❶ Precaliente la barbacoa. Abra las ostras procurando que el jugo caiga en un bol. Separe las ostras de su valva inferior y resérvelas. Para hacer la salsa, añada al jugo la guindilla, el ajo, el chalote, el perejil y el limón. Salpimente y mézclelo todo bien. Cubra el bol con film transparente y déjelo reposar en el frigorífico hasta que lo necesite.

❷ Corte cada loncha de beicon por la mitad a lo ancho. Sazone las ostras con pimentón y cayena y envuelva cada una de ellas con media loncha de beicon. Inserte cada ostra en un palillo previamente remojado o 9 ostras respectivamente en 4 broquetas de madera remojadas.

❸ Ase las ostras a temperatura alta 5 minutos, dándoles la vuelta a menudo, o hasta que el beicon esté dorado y crujiente. Póngalas en una fuente o en sus propias valvas y sírvalas enseguida con la salsa.

Variación

Si lo prefiere, sustituya el chalote por una cebolla pequeña picada fina y el perejil por la misma cantidad de cebollino troceado.

Gambas a la española

Estas gambas se sirven con salsa picante de tomate y guindilla. Si prefiere un sabor más suave, ponga menos guindilla.

para 6 personas

1 manojo de perejil fresco

36 gambas grandes peladas, con cola y sin el hilo intestinal

3-4 cucharadas de aceite de oliva

gajos de limón, para adornar

Salsa

6 guindillas rojas frescas

1 cebolla picada

2 dientes de ajo picados

500 g de tomates picados

3 cucharadas de aceite de oliva

1 pizca de azúcar

sal y pimienta

Preparación

❶ Precaliente la barbacoa. Pique 2 cucharadas de perejil y resérvelo. Para hacer la salsa, retire las semillas de las guindillas y trocéelas, póngalas en un robot de cocina con la cebolla y el ajo y píquelos finos. Añada los tomates y el aceite de oliva y haga un puré.

❷ Pase la mezcla a un cazo a fuego lento, añada el azúcar y remueva. Salpimente y cueza a fuego lento 15 minutos sin que llegue a hervir. Vierta la salsa en un bol de cerámica y póngalo en un lado de la barbacoa para mantenerlo caliente.

❸ Lave las gambas y séquelas con papel de cocina. Mezcle el perejil y el aceite de oliva en un cuenco, agregue las gambas y úntelas bien con la mezcla. Ase las gambas a temperatura media 3 minutos por cada lado o hasta que cambien de color. Póngalas en una fuente, adórnelas con limón y sírvalas con la salsa.

Ensaladas y

verduras

Tomates rellenos

Un relleno diferente para los tomates: las espinacas y el queso adquieren un aroma especial gracias a las semillas de girasol tostadas.

para 4 personas

1 cucharada de aceite de oliva

2 cucharadas de semillas de girasol

1 cebolla picada fina

1 diente de ajo picado fino

500 g de espinacas frescas, sin tallos gruesos y cortadas en tiras

1 pizca de nuez moscada recién rallada

sal y pimienta

4 tomates grandes

140 g de mozzarella en dados

Preparación

❶ Precaliente la barbacoa. Caliente el aceite en una cazuela de base gruesa y tueste las semillas de girasol, removiendo constantemente, 2 minutos o hasta que estén doradas. Incorpore la cebolla y sofríala a fuego lento, removiendo de vez en cuando, hasta que esté blanda pero no dorada. Añada el ajo y las espinacas, tape la cazuela y cueza 2 o 3 minutos o hasta que las espinacas se ablanden. Retire la cazuela del fuego y sazone con nuez moscada, sal y pimienta. Deje enfriar.

❸ Rellene los tomates con la mezcla de queso y espinacas y tápelos con la parte superior que había cortado. Corte 4 trozos de papel de aluminio lo suficientemente grandes como para envolver un tomate. Ponga un tomate en el centro de cada trozo de papel y envuélvalos bien. Áselos 10 minutos dándoles la vuelta de vez en cuando. Sírvalos enseguida en el envoltorio.

❷ Con un cuchillo afilado, corte y reserve una rodaja fina de la parte superior de cada tomate y extraiga la pulpa con una cucharilla procurando no romper la piel. Trocee la pulpa y añádala junto con la mozzarela a las espinacas.

Abanicos de patata

Estas patatas con sabor a ajo son una maravillosa alternativa a las típicas patatas asadas. Tenga en cuenta el tiempo de cocción.

para 6 personas

6 patatas grandes con piel,
bien lavadas

2 cucharadas de aceite de oliva
sazonado con ajo

Preparación

❶ Precaliente la barbacoa. Con un cuchillo afilado, haga una serie de cortes paralelos a lo ancho de las patatas sin cortar las rodajas del todo. Corte 6 trozos de papel de aluminio lo suficientemente grandes como para envolver las patatas.

❷ Ponga una patata en cada trozo de papel y úntelas con abundante aceite de oliva al ajo. Envuelva bien las patatas.

❸ Ase las patatas a temperatura alta 1 hora, dándoles la vuelta de vez en cuando. Para servirlas, abra los envoltorios de papel de aluminio y, con cuidado, separe un poco las rodajas de las patatas.

Calabacines rellenos de queso

Sabrosos calabacines rellenos que se deshacen en la boca. Gustarán a todo el mundo, tanto a los amantes de la carne como a los vegetarianos. Se pueden asar directamente sobre las brasas para que no tomen el sabor de la carne.

para 8 personas

1 manojo pequeño de menta fresca

8 calabacines

1 cucharada de aceite de oliva,

y un poco más para untar

115 g de queso feta en tiras

pimienta

Preparación

❶ Precaliente la barbacoa. Con un cuchillo afilado, pique bien fina 1 cucharada de menta. Resérvela hasta que la necesite. Corte 8 rectángulos de papel de aluminio lo suficientemente grandes como para envolver un calabacín y úntelos ligeramente con aceite de oliva. Corte los calabacines a lo largo, sin llegar a abrirlos del todo, y póngalos sobre el papel.

❸ Ase los paquetitos de calabacines en las brasas 30 minutos. Retire con cuidado el papel de aluminio y sírvalos enseguida.

Variación

Si lo prefiere, puede sustituir el feta por mozzarella o fontina y la menta por perejil.

❷ Rellene los calabacines con las tiras de queso, rocíelos con aceite de oliva, esparza la menta picada y sazone al gusto con pimienta. Doble los extremos del papel de aluminio y envuelva bien los calabacines.

Pinchitos vegetarianos

Una de las ventajas del tofu, además de su alto contenido en proteínas, es su capacidad para absorber otros sabores, en este caso el de un glaseado de mostaza y miel.

para 4 personas

2 calabacines

1 pimiento amarillo, sin semillas
y a cuartos

225 g de tofu consistente (peso escurrido)

4 tomates cereza

4 cebollitas

8 champiñones

Gaseado de miel

2 cucharadas de aceite de oliva

1 cucharada de mostaza de Dijon
o de Meaux

1 cucharada de miel fluida

sal y pimienta

Preparación

❶ Precaliente la barbacoa. Con un pelapatatas, pele unas tiras de los calabacines a lo largo para que queden a rayas verdes y amarillas. Corte cada calabacín en 8 rodajas gruesas. Parta los cuartos de pimiento por la mitad y el tofu escurrido en dados de 2,5 cm.

❷ Ensarte los trozos de pimiento, las rodajas de calabacín, los dados de tofu, los tomates, las cebollitas y los champiñones alternados en 4 broquetas metálicas. Para hacer el glaseado, mezcle el aceite de oliva, la mostaza y la miel en una salsera y salpimente al gusto.

❸ Unte los pinchitos con el glaseado y áselos a temperatura media entre 8 y 10 minutos, dándoles la vuelta y untándolos con el glaseado a menudo. Sírvalos enseguida.

Variación

También puede hacer pinchitos de verduras.
Elimine el tofu y alterne trozos de berenjena
y de calabacín y pequeñas tiras de pimiento rojo.

Fardillos de verduras veraniegas

Escoja sus verduras y hortalizas preferidas. Puede usar cualquier hortaliza «baby» o tierna y troceada. Sírvalas con carne o pescado asados para obtener un plato principal completo.

para 4 personas

1 kg de verduras *baby* o troceadas, como
zanahorias, calabazas, mazorquitas
de maíz, tomates pera, puerros,
calabacines y cebollitas
1 limón

115 g de mantequilla sin sal
3 cucharadas de hierbas frescas picadas,
como perejil, tomillo y perifollo
2 dientes de ajo
sal y pimienta

Preparación

❶ Precaliente la barbacoa. Corte 4 cuadrados de papel de aluminio de 30 cm y reparta en ellos las verduras.

❷ Ralle la piel del limón bien fina, y exprima el zumo y resérvelo hasta que lo necesite. Ponga la ralladura de limón, la mantequilla, las hierbas y el ajo en un robot de cocina o en un bol y bata hasta que quede todo bien mezclado. Salpimente al gusto.

❸ Reparta la mantequilla condimentada por encima de las verduras. Doble los extremos del papel de aluminio y envuelva bien las verduras. Áselas a temperatura media entre 15 y 20 minutos, dándoles la vuelta de vez en cuando. Abra los fardillos, rocíe las verduras con el zumo de limón reservado y sírvalas enseguida.

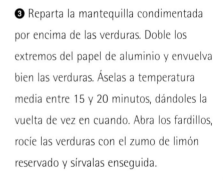

Variación

Si no encuentra verduras baby, puede usar verduras normales cortadas, como bastoncitos de calabacín y zanahoria y trocitos de berenjena.

Mazorcas con salsa de queso azul

Las mazorcas a la parrilla son deliciosas. Áselas recién compradas, porque los azúcares naturales que contienen se convierten en fécula y pierden su dulzor con rapidez.

para 6 personas

140 g de queso azul danés

140 g de cuajada

125 ml de yogur griego

sal y pimienta

6 mazorcas de maíz con su farfolla

Preparación

❶ Precaliente la barbacoa. Desmenuce el queso azul y póngalo en un bol. Bátalo con una cuchara de madera hasta que tenga una consistencia cremosa. Agregue la cuajada y bata hasta mezclarla con el queso. Incorpore poco a poco el yogur y salpimente la mezcla. Tape el bol con film transparente y déjelo enfriar en el frigorífico hasta que lo necesite.

❷ Tire hacia atrás la farfolla de cada mazorca y retire las hebras. Vuelva a colocar la farfolla en su sitio. Corte 8 rectángulos de papel de aluminio del tamaño suficiente para envolver cada mazorca de maíz.

❸ Ase las mazorcas a temperatura alta entre 15 y 20 minutos, dándoles la vuelta a menudo. Desenvuelva las mazorcas y deseche el papel de aluminio. Retire y corte una parte de la farfolla de cada mazorca con un cuchillo afilado o unas tijeras de cocina. Sírvalas enseguida con la salsa de queso azul.

Hortalizas cajun

Estas hortalizas condimentadas son perfectas para servirlas con los Pinchitos caribeños de la página 44 o como acompañamiento de cualquier otro plato.

para 4 personas

4 mazorcas de maíz

2 boniatos con piel, bien lavados

25 g de mantequilla derretida

Mezcla de especias

2 cucharaditas de pimentón

1 cucharadita de comino molido

1 cucharadita de cilantro molido

1 cucharadita de pimienta negra molida

½-1 cucharadita de guindilla molida

Preparación

❶ Precaliente la barbacoa. Mezcle todas las especias en un bol pequeño.

❷ Retire las farfollas y las hebras de las mazorcas y córtelas en 4 trozos del mismo tamaño. Corte los boniatos en rodajas gruesas, pero no los pele. Unte las mazorcas de maíz y los boniatos con la mantequilla derretida y sazónelos con la mezcla de especias.

❸ Ase las mazorcas y los boniatos a temperatura media entre 12 y 15 minutos, dándoles la vuelta a menudo. Mientras se asan, úntelos con mantequilla derretida y sazónelos con la mezcla de especias de vez en cuando. Páselos a una fuente y sírvalos enseguida.

Pinchitos de ciruelas, albaricoques y cebollas

Estos sabrosos pinchitos afrutados combinan muy bien con chuletas de cerdo, pechugas de pato, filetes de cordero o pinchitos de carne. Su sabor dulce contrarresta la intensidad de la carne.

para 4 personas

500 g de cebollitas

175 g de ciruelas pasas deshuesadas

225 g de orejones de albaricoque deshuesados

1 rama de canela de 5 cm

225 ml de vino blanco

2 cucharadas de salsa de guindilla

2 cucharadas de aceite de girasol

Preparación

❶ Corte la parte superior de las cebollas y pélelas. Resérvelas hasta que las necesite. Ponga las ciruelas, los orejones, la canela y el vino en un cazo de base gruesa y llévelos a ebullición. Baje el fuego y cuézalos 5 minutos. Retire la fruta con una espumadera y déjela enfriar. Reserve el jugo de la cocción y la canela.

❷ Hierva el jugo de la cocción con la canela hasta reducirlo a la mitad. Retire el cazo del fuego y deseche la canela. Añádale la salsa de guindilla y el aceite.

❸ Ensarte las ciruelas, las cebollitas y los orejones alternados en broquetas metálicas. Áselos a temperatura media 10 minutos, dándoles la vuelta y untándolos a menudo con la mezcla de vino y salsa de guindilla. Sírvalos enseguida.

Berenjenas con tzatziki

Este plato es un delicioso entrante para una barbacoa o el acompañante ideal de los Tomates rellenos de la página 62 o de los Calabacines rellenos de queso de la página 66 si lo que quiere es una parrillada vegetariana.

para 4 personas

2 cucharadas de aceite de oliva

sal y pimienta

2 berenjenas en lonchas finas

Tzatziki

½ pepino

200 ml de yogur griego

2 cebolletas picadas finas

1 diente de ajo picado fino

3 cucharadas de menta fresca picada

sal y pimienta

1 ramita de menta fresca, para adornar

Preparación

❶ Precaliente la barbacoa. Para hacer el *tzatziki* pique el pepino fino. Ponga el yogur en un bol y bátalo hasta obtener una consistencia cremosa. Añada el pepino, la cebolleta, el ajo y la menta y mézclelo todo bien con el yogur. Salpimente al gusto. Páselo a un bol para servir, cúbralo con film transparente y déjelo enfriar en el frigorífico.

❷ Salpimente el aceite de oliva y, a continuación, unte con él las berenjenas.

❸ Ase las berenjenas a temperatura alta 5 minutos por cada lado, untándolas de nuevo con aceite si fuera necesario. Páselas a una fuente y sírvalas enseguida con el *tzatziki* adornado con una ramita de menta fresca.

Ensalada de arroz

Las ensaladas de arroz siempre tienen éxito. Esta mezcla afrutada y de vivos colores es ideal para servirla con carne o pollo asados.

para 4 personas

115 g de arroz de grano largo

sal y pimienta

4 cebolletas

225 g de piña en su jugo en lata, troceada

200 g de maíz de lata escurrido

2 pimientos rojos, sin semillas y en dados

3 cucharadas de pasas de Corinto

Salsa

1 cucharada de aceite de cacahuete

1 cucharada de aceite de avellana

1 cucharada de salsa de soja clara

1 diente de ajo picado fino

1 cucharadita de jengibre fresco picado

Preparación

❶ Ponga el arroz en una cazuela con agua hirviendo ligeramente salada y cuézalo 15 minutos o hasta que esté tierno. Escúrralo y lávelo bajo el chorro de agua fría. Páselo a una ensaladera para servir.

❷ Con un cuchillo afilado, corte las cebolletas en rodajas finas. Escurra los trozos de piña y reserve el jugo en una salsera. Añada la piña, el maíz, el pimiento rojo, la cebolleta y las pasas al arroz y mézclelo todo con suavidad.

❸ Mezcle todos los ingredientes de la salsa con el jugo de piña reservado batiéndolos bien y salpimente al gusto. Aliñe la ensalada con la salsa mezclando bien todos los ingredientes y sírvala enseguida.

Variación

Pruebe otros aceites de frutos secos, como el de nuez o el de sésamo. Si lo prefiere, sustituya el de cacahuete por aceite de girasol.

Taboulé

Refrescante ensalada de Oriente Próximo que está muy de moda. Suele acompañar platos de cordero, pero se puede servir con cualquier carne asada.

para 4 personas

175 g de bulgur

3 cucharadas de aceite de oliva virgen extra

4 cucharadas de zumo de limón

sal y pimienta

4 cebolletas

1 pimiento verde, sin semillas y troceado

4 tomates troceados

2 cucharadas de perejil fresco picado

2 cucharadas de menta fresca picada

8 olivas negras deshuesadas

ramitas de menta fresca, para adornar

Preparación

❶ Ponga el bulgur en un cuenco y cúbralo con agua fría. Déjelo reposar 30 minutos o hasta que su volumen se haya doblado. Escúrralo bien y espárzalo sobre papel de cocina para secarlo.

❷ Pase el bulgur a una ensaladera. Mezcle el aceite y el zumo de limón en un bol y salpimente al gusto. Vierta el aliño sobre el bulgur y déjelo macerar durante 1 hora.

❸ Corte las cebolletas en rodajitas, añádalas a la ensalada junto con el pimiento, el tomate, el perejil y la menta, y remueva ligeramente para mezclarlo todo. Esparza las olivas por encima y adorne el plato con menta fresca antes de servirlo.

Variación

Pruebe con diferentes tipos de tomate: los tomates en rama, que tienen un delicado sabor dulce, o tomates cereza cortados por la mitad.

Ensalada de pasta con queso y nueces

Es una ensalada ideal para servir con una parrillada, ya que no se trata de una simple ensalada de pasta sino que lleva una mezcla de distintos tipos de lechuga.

para 4 personas

225 g de espirales

sal y pimienta

225 g de queso dolcelatte

100 g de ensalada verde variada, como lechuga hoja de roble, *lollo rosso*, espinacas tiernas, ruqueta y canónigo

115 g de nueces partidas por la mitad

4 cucharadas de aceite de girasol

2 cucharadas de aceite de nuez

2 cucharadas de vinagre de vino tinto

Preparación

❶ Ponga la pasta en una olla grande con abundante agua salada hirviendo y cuézala entre 8 y 10 minutos o hasta que esté *al dente*. Escúrrala, pásela bajo el chorro de agua fría y vuelva a escurrirla.

❷ Con un cuchillo afilado, corte el queso en dados. Ponga las hojas de lechuga en una ensaladera y añada la pasta. Esparza el queso por encima.

❸ Precaliente el grill del horno a temperatura media. Ponga las nueces en una bandeja para el horno y áselas unos minutos hasta que estén ligeramente tostadas. Déjelas enfriar. Mezcle el aceite de girasol, el de nueces y el vinagre en una jarrita y salpimente al gusto. Vierta el aliño sobre la ensalada, remueva ligeramente y esparza las nueces por encima.

Ensalada roja y verde

La remolacha con naranja es una combinación clásica que en esta receta se mezcla con hojas de espinaca para obtener una llamativa ensalada caliente.

para 4 personas

650 g de remolacha cocida pelada

3 cucharadas de aceite de oliva virgen extra

el zumo de 1 naranja

1 cucharadita de azúcar lustre

1 cucharadita de semillas de hinojo

sal y pimienta

115 g de hojas tiernas de espinacas frescas

Preparación

❶ Con un cuchillo afilado, corte la remolacha en dados y resérvela hasta que la necesite. Caliente el aceite en un cazo pequeño de base gruesa. Vierta el zumo de naranja, el azúcar y las semillas de hinojo en el cazo y salpimente. Remueva constantemente hasta que el azúcar se haya disuelto.

❷ Añada los dados de remolacha reservados y mezcle con suavidad. Retire el cazo del fuego.

❸ Disponga las hojas de espinaca en una ensaladera. Con una cuchara, distribuya la remolacha caliente por encima y sirva la ensalada enseguida.

Postres

Pinchitos de frutas

Puede hacer estos rápidos y fáciles pinchitos con casi cualquier tipo de fruta de pulpa consistente. No olvide remojar las broquetas de madera en agua fría antes de usarlas para evitar que se quemen.

para 4 personas

2 nectarinas, deshuesadas
y partidas por la mitad
2 kiwis
4 ciruelas rojas
1 mango pelado, deshuesado

y partido por la mitad
2 plátanos, pelados y en rodajas gruesas
8 fresas sin rabillo
1 cucharada de miel fluida
3 cucharadas de cointreau

Preparación

❶ Corte los trozos de nectarina por la mitad y póngalos en una fuente llana. Pele los kiwis y córtelos a cuartos. Corte las ciruelas por la mitad y deshuéselas. Corte el mango en trocitos y póngalo en la fuente junto con los kiwis, las ciruelas, los plátanos y las fresas.

❸ Precaliente la barbacoa. Escurra la fruta y reserve el adobo. Ensarte los trozos de fruta en broquetas de madera previamente remojadas y áselas a temperatura media entre 5 y 7 minutos, dándoles la vuelta y untándolas con el adobo a menudo. Sírvalas enseguida.

❷ Disuelva la miel en el cointreau en un bol. Vierta la mezcla sobre la fruta y mézclelo bien. Cubra la fuente con film transparente y déjela macerar en el frigorífico durante 1 hora.

Manzanas asadas al jengibre

Las manzanas envueltas en papel de aluminio se asan de maravilla en la barbacoa y son un postre delicioso para cualquier ocasión.

para 4 personas

4 manzanas para asar medianas	1 trozo de jengibre fresco de 2,5 cm
25 g de nueces picadas	1 cucharada de amaretto (opcional)
25 g de almendras molidas	50 g de mantequilla
25 g de azúcar blanco mascabado	nata montada o yogur natural,
5 o 6 cerezas picadas	para acompañar

Preparación

❶ Quíteles los corazones a las manzanas y, con un cuchillo afilado, hágales una incisión alrededor para que no revienten mientras se asan.

❷ Para hacer el relleno, mezcle las nueces, las almendras, el azúcar, las cerezas, el jengibre picado y el amaretto en un bol.

❸ Rellene las manzanas presionando hacia abajo y deje un montículo de relleno sobre cada una de ellas.

❹ Ponga cada manzana sobre un trozo grande de papel de aluminio de grosor doble y úntelas con abundante mantequilla. Envuélvalas bien.

❺ Áselas a temperatura alta entre 15 y 30 minutos o hasta que estén hechas.

❻ Coloque las manzanas en platos calientes individuales. Sírvalas con nata montada o yogur natural espeso.

Variación

Si las brasas se están apagando, ponga las manzanas directamente sobre ellas de forma que queden bien cubiertas. Áselas entre 25 y 30 minutos y sírvalas con nata montada o yogur natural.

Plátanos asados

Los plátanos son aún más dulces y deliciosos cuando están asados.
Para hacerlos, no hace falta pelarlos.

para 4 personas

40 g de mantequilla ablandada

2 cucharadas de ron negro

4 cucharadas de azúcar moreno
mascabado

1 cucharada de zumo de naranja

1 pizca de canela molida

4 plátanos

ralladura de naranja, para adornar

Preparación

❶ Precaliente la barbacoa. Bata la mantequilla con el ron, el azúcar, el zumo de naranja y la canela en un bol pequeño hasta que todo esté completamente mezclado y tenga una consistencia suave.

❸ Pase los plátanos a platos individuales, haga una incisión en la cáscara del plátano y corte parcialmente la pulpa a lo largo. Reparta la mantequilla aromatizada entre los plátanos, adórnelos con ralladura de naranja y sírvalos.

❷ Ponga los plátanos, sin pelarlos, en la parrilla, a temperatura alta, y áselos entre 6 y 8 minutos o hasta que la piel esté negra, dándoles la vuelta a menudo.

Índice de recetas